S0-BEB-522

LA ESPIRAL MAGICA

El gato Patapuf

Autores: Ch. Touyarot y M. Gatine.
Ilustración: H. Muller
Adaptación y coordinación editorial:
   Carmen Rodríguez Eyré.
   Emilia Hernández Pérez-Muñoz.

Edita desde 1866
Magistério

"Miau, miau,
quiero ir al colegio
como tú,

quiero leer
libros
como tú,

quiero hacer dibujos
como tú,

quiero escribir con un bolígrafo
como tú,

...y tener una cartera
como tú,

...y jugar en el patio del colegio,
como tú."

"No, ¡vuélvete a casa!
¡los gatos
no van al colegio!"

Patapuf es testarudo y
se queda cerca de Beatriz.

¡Pero de repente ve un perro!
Y Patapuf se muere de miedo.

Corre a toda velocidad hacia casa,
¡el perro casi le alcanza!

Deprisa, deprisa
Patapuf salta la valla.

Se bebe la leche
y se duerme junto a la ventana.

Un gato es un gato.
No es un perro,
ni un ratón.

¡Ni tampoco es
un alumno,
o un estudiante!

un bolígrafo

una cartera

escribe

dibuja

bebe la leche

la valla